¡Ah, un mundo maravilloso
se abre ante nosotros!

VillaCuentos

HARCOURT SCHOOL PUBLISHERS

A toda marcha

Autoras

Alma Flor Ada • F. Isabel Campoy

Harcourt
SCHOOL PUBLISHERS

www.harcourtschool.com

A toda marcha

SCHOOL PUBLISHERS

www.harcourtschool.com

A la vuelta de la esquina

Contenido

Lección 12

Superlibros del tema

TEATRO LEÍDO

La rana y el búfalo

Libros decodificables 7–12

Estrategias de comprensión

Antes de leer

Observa las fotos.
Piensa en lo que
ya sabes.

Establece un propósito.

Me gustaría aprender sobre ranas.

Mientras lees

Haz preguntas.

¿Qué comen las ranas?

Vuelve a leer.

Volveré a leer esta página.

Responde preguntas.

¡Oh! Algunas ranas comen insectos.

Después de leer

Resume.

Primero, los renacuajos nacen de un huevo. Después, comienzan a cambiar. Por último, se convierten en ranas.

Haz conexiones.

Este libro se parece a otro que he leído. Allí se describían los cambios por los que pasan las mariposas.

Tema ③ A la vuelta de la esquina

▸ *Los jardineros*, Judy Byford

Contenido

Lección 7

1 Cuento decodificable

Fido y Sofi

por Nancy Furstinger • ilustrado por Lori Lohstoeter

2 Género: Fantasía

Fifi pide ayuda

por Kenneth Spengler
ilustrado por Margaret Spengler

¡Hagamos tortillas!

3 Género: Receta

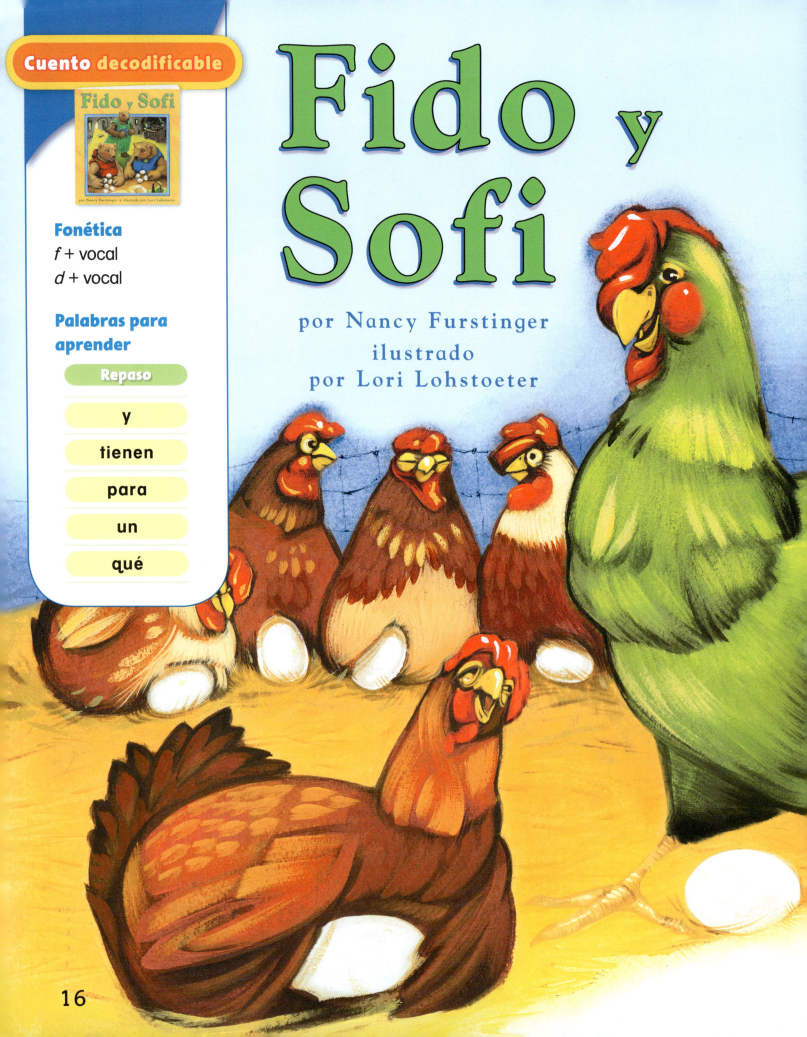

Fido y Sofi

por Nancy Furstinger

ilustrado
por Lori Lohstoeter

Fido y Sofi tienen una idea.

¡Una comida <mark>para</mark> Mamá!

Fido bate <mark>un</mark> poco.
Sofi bate más.

¡La mesa es un lío!
¿Y la comida?

Fido se apena un poco.
Sofi se apena más.

Al final, Mamá se
ocupa de todo. ¡Mmm!

¡**Qué** comida fabulosa!

Destreza fonética

Sílabas *f* + vocal y *d* + vocal

Observa las fotos. Busca las sílabas *fa, fe, fi, fo, fu* en la palabra que aparece debajo de cada foto. ¿La sílaba con la letra *f* aparece al principio o al final de la palabra?

foca

sofá

Observa las fotos. Busca las sílabas *da, de, di, do, du* en la palabra que aparece debajo de cada foto. ¿La sílaba con la letra *d* aparece al principio o al final de la palabra?

duna

nudo

Observa cada una de las fotos. Lee las palabras. Di cuál es la palabra que describe la foto.

dedo

comida

boda

fila

búfalo

foca

 www.harcourtschool.com/reading

 **Inténtalo**

Lee estas oraciones.

Fido es mi gato.

Me pide comida.

Come un filete.

¡Y pide bebida!

25

Palabras para aprender

quiere

dice

dicen

tampoco

comen

fue

—¿Quién **quiere** pan? —**dice** Fifi.

—¡Yo no! —**dicen** Gati y Fofó.

—¡Yo **tampoco**! —dice Pati.

Gati, Pati y Fofó **comen** tacos.
¡**Fue** una comida fabulosa!

www.harcourtschool.com/reading

Fifi pide ayuda

por Kenneth Spengler
Ilustrado por Margaret Spengler

Fantasía

Estudio del género
Un **cuento de fantasía** narra acontecimientos que nunca podrían ocurrir en la vida real.

¿Qué pide Fifi?	¿Qué dicen y hacen los otros personajes?

Estrategia de comprensión

Responder preguntas
Para responder preguntas acerca del cuento, piensa en lo que leíste. Usa lo que ya sabes para encontrar las respuestas.

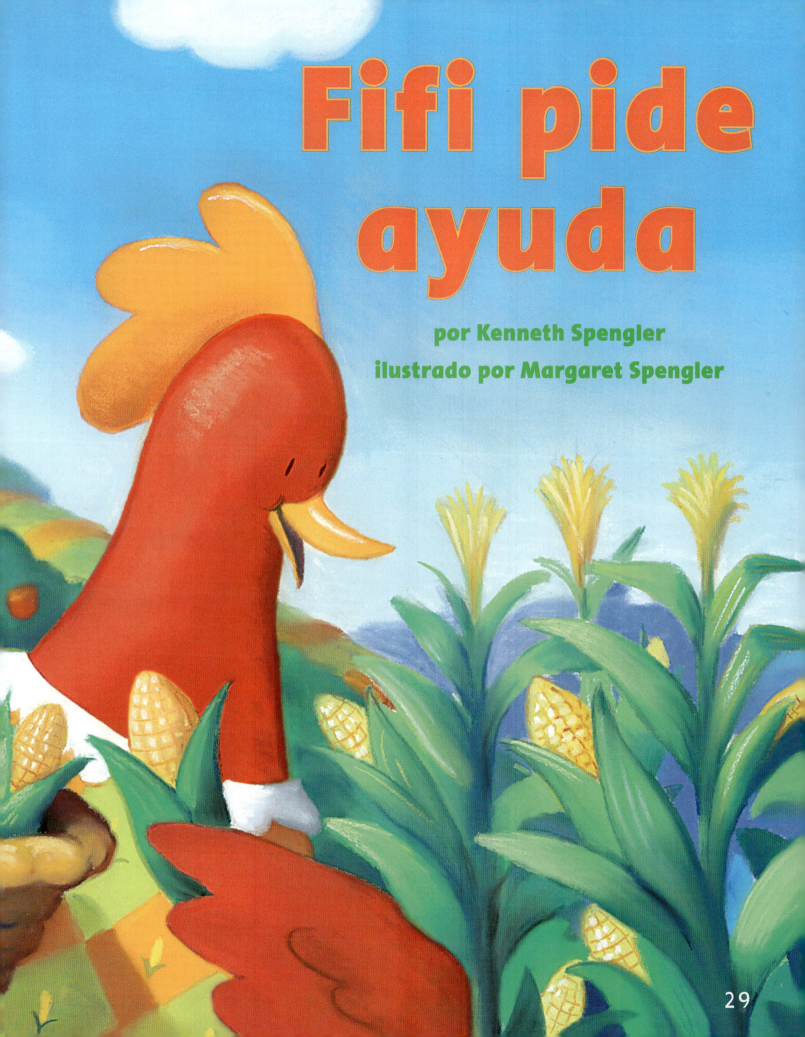

Fifi pide ayuda

por Kenneth Spengler

ilustrado por Margaret Spengler

Sale el sol y Fifi sale de la cama.

Gati tiene hambre.
—No hay comida —dice Gati.
—Tenemos pan —dice Fifi—.
¿Quién quiere pan?

—Yo no —dice Gati.
—Ni yo —dice Pati.
—Tampoco yo —dice Fofó.

—¿Quién quiere tacos? —dice Fifi.
—Sí. Los tacos de Fifi son
fabulosos —opina Fofó.

—¡Sí! ¡Son fabulosos! —<mark>dicen</mark> todos.

—¿Quién me ayuda? —pide Fifi.

—Yo —dice Gati.

—Y yo —dice Pati.

—También yo —dice Fofó.

Todos son
muy educados.

Fifi les da tacos a todos.
Todos <mark>comen</mark> la comida.

Fue una comida fabulosa.
—¿Quién me ayuda? —pide Fifi.

—Yo no —dice Gati
—Ni yo —dice Pati.
—Tampoco yo —dice Fofó.

—¡Yo sí! ¡Yo sí! ¡Yo sí!
Una fila de amigas ayuda a Fifi.

Su ayuda fue fabulosa.
—¡Gracias, amigas!
—De nada, de nada, de nada.

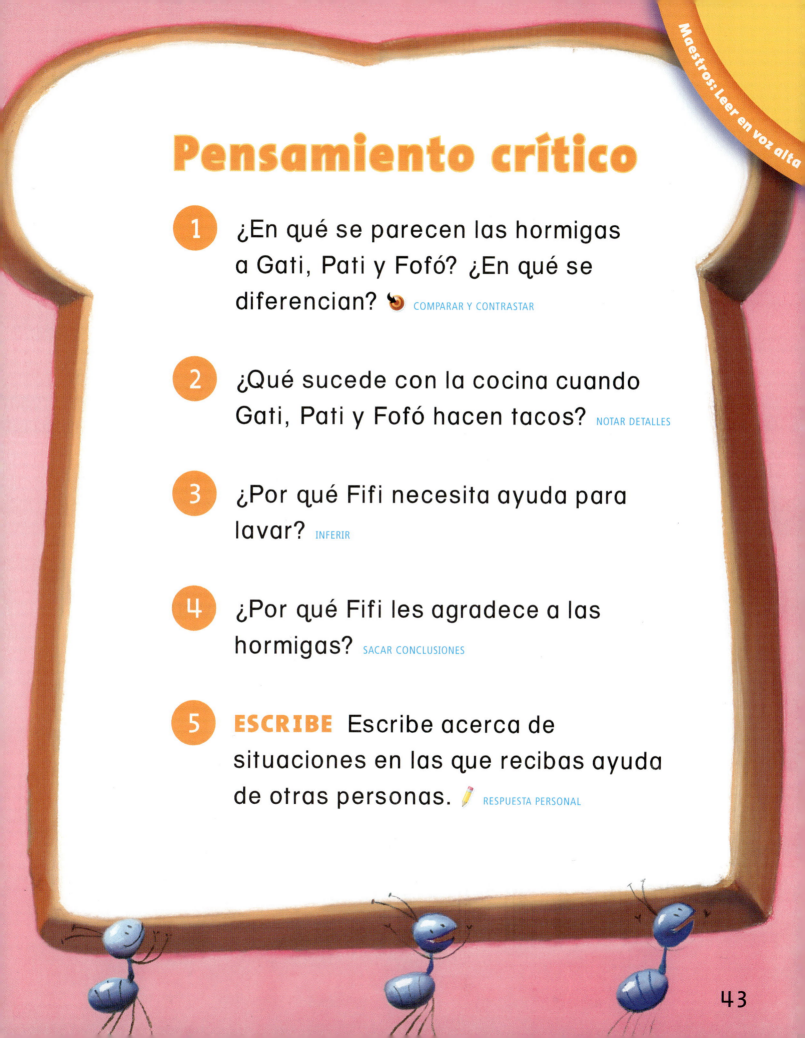

Pensamiento crítico

1 ¿En qué se parecen las hormigas a Gati, Pati y Fofó? ¿En qué se diferencian? COMPARAR Y CONTRASTAR

2 ¿Qué sucede con la cocina cuando Gati, Pati y Fofó hacen tacos? NOTAR DETALLES

3 ¿Por qué Fifi necesita ayuda para lavar? INFERIR

4 ¿Por qué Fifi les agradece a las hormigas? SACAR CONCLUSIONES

5 **ESCRIBE** Escribe acerca de situaciones en las que recibas ayuda de otras personas. RESPUESTA PERSONAL

Conoce al autor
Kenneth Spengler

A Kenneth Spengler le gusta escribir cuentos divertidos. En este cuento trabajó con su esposa, Margaret.

"Me gustó escribir este cuento porque me encanta la comida. ¡Especialmente los tacos! Al igual que Fifi, cuando preparo una comida me gusta que me ayuden. A veces se nos cae comida al piso. Pero no son las hormigas quienes nos ayudan a limpiar, sino... ¡nuestro perro!"

44

Conoce a la ilustradora
Margaret Spengler

Margaret Spengler es la artista que hizo las ilustraciones de este cuento. Las dibujó con pasteles. Lo que más le gusta de ser artista es que puede ser creativa.

"Me gusta Fifi porque es inteligente y generosa. Además, me gusta cómo comparte las cosas con sus amigos.**"**

Estudios Sociales

Receta

¡Hagamos tortillas!

1½ taza de harina

½ cucharadita de sal

2 cucharadas de aceite

½ taza de agua tibia

1 Mezcla la harina, la sal, el aceite y el agua.

46

2 Forma seis bolas. Amásalas y haz seis círculos.

3 Cocínalos en una sartén.

4 ¡Come las tortillas! Puedes rellenarlas para hacer tacos.

Enlaces

Comparar textos

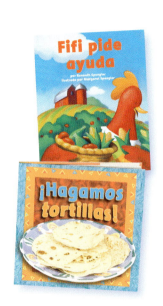

1. ¿Qué aprendiste acerca de preparar tacos en el cuento "Fifi pide ayuda"? ¿Qué aprendiste de la receta?

2. ¿Cómo ayudas en casa?

3. ¿Cuál de las tareas que hace Fifi preferirías hacer? Explica por qué.

Escritura

Imagina que eres un personaje del cuento. ¿Cómo ayudarías a Fifi?

Lo que pide Fifi	Cómo la ayudaría yo

48

Fonética

Forma y lee nuevas palabras.

Comienza con **fama**.

Cambia **fa** por **da** .

Cambia **ma** por **to** .

Cambia **da** por **fo** .

Cambia **to** por **ca** .

Práctica de la fluidez

Trabaja en un grupo pequeño. Decidan quién interpretará a cada animal del cuento "Fifi pide ayuda". Lean el cuento. Usa la voz para expresar cómo se siente tu personaje. Para ayudarte, observa los puntos y los signos de interrogación y exclamación al principio y al final de las oraciones.

Yo no.

¡Yo sí! ¡Yo sí!

¿Quién me ayuda?

Describir un suceso

"Fifi pide ayuda" trata sobre algo que hace la gallinita Fifi con sus amigos. Después de leer el cuento, escribimos sobre algo que hicimos juntos.

▶ **Primero, conversamos sobre el cuento.**

▶ **Luego, conversamos sobre algunas cosas que hicimos juntos.**

▶ **Por último, leímos nuestras oraciones.**

Visitamos el zoológico.
Vimos leones, osos y
muchos animales más.
¡Nos gustó mucho el
paseo!

Contenido

Lección 8

¡Gracias, Rafa!

por Anne Mansk • ilustrado por Linda Bronson

Fonética

r inicial + vocal

rr + vocal

Palabras para aprender

Repaso
qué
ahora
y
bien
gracias

¡Gracias, Rafa!

por Anne Mansk
ilustrado por Linda Bronson

René revisa la suma.
¡No le sale!

Rafa ve a su amigo.
—¿Qué te pasa, René?

—¡La suma no me sale, Rafa!

A Rafa se le ocurre una cosa.

—¡Arriba! ¡Ánimo!
Repasemos la suma, René.

—Ahora sí me sale.
¡Y sumo más rápido!

—¡Qué <mark>bien</mark>, René!

—Sí. ¡**Gracias**, Rafa!

Destreza de enfoque

Detalles

Los **detalles** dan más información acerca de algo.
Te ayudan a imaginar cómo es la persona, el animal,
el lugar o el objeto que se muestra o describe.

Observa la foto.

La foto muestra detalles del almuerzo de un niño.

Haz comentarios sobre esta foto.
¿Qué detalles observas?

Inténtalo

Observa la foto.
Comenta cómo los
detalles te ayudan
a entender lo que
sucede.

 www.harcourtschool.com/reading

Palabras para aprender

Palabras de uso frecuente

cuál

pregunta

Sr.

primero

gusta

alta

—¿**Cuál** es mi tarea? —**pregunta** Rosa.

El **Sr.** Navarro le dice cuál es su tarea.

Primero, a Rosa no le **gusta** su tarea.

Cuando la planta está más **alta** y da una flor, Rosa se ríe.

¡Ahora sí le gusta su tarea!

En Internet www.harcourtschool.com/reading

65

La tarea de Rosa

por Carole Roberts
ilustrado por Michael Garland

Ficción realista

Estudio del género

Un cuento de **ficción realista** narra eventos inventados, pero que podrían ocurrir en la vida real.

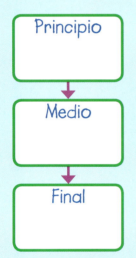

Principio

Medio

Final

Estrategia de comprensión

Usar organizadores gráficos Un mapa del cuento puede ayudarte a comprender y recordar el principio, el medio y el final de un cuento.

La tarea de Rosa

por Carole Roberts
ilustrado por Michael Garland

En la escuela, cada
uno tiene una tarea.

Las tareas están en la lista.

Tareas

Felipe - mascota
Rosa - planta
Rita - huevos
Rudi - fila
Rolo - band
Romi -

—¿**Cuál** es mi tarea? —**pregunta** Rosa.

—Regar la planta, Rosa —dice el **Sr.** Navarro.

Tareas

Felipe - mascota
Rosa - planta
Rita - huevos
Rudi - fila
Rolo - bandera
Romi -

Lunes

—¡Oh, no! ¡Qué aburrido! —se dice Rosa.

Berrito es la mascota.
Felipe le da comida a Berrito.

"Me gusta la tarea de Felipe. ¡La mía no!"

Rita se ocupa de los huevos.

"Me gusta la tarea de
Rita. ¡La mía no!"

Rudi es el **primero** de la fila.

"Me gusta la tarea de
Rudi. ¡La mía no!"

A Rolo le gusta su tarea.

"Me gusta la tarea de
Rolo. ¡La mía no!"

Todos los días Rosa
riega y se aburre.

La planta está cada día más <mark>alta</mark>.
Rosa no lo nota.

Pero un día… ¡la planta da una flor!

—¡Qué bonita! —dicen todos.

Rosa se ríe.

—¡Ahora sí me gusta mi tarea!
¡Es la mejor de todas! —dice Rosa.

Pensamiento crítico

1 ¿Qué piensa Rosa de su tarea al principio de la historia? ¿Qué piensa al final? ¿Por qué? COMPARAR Y CONTRASTAR

2 ¿Qué es lo único que hace Rosa para cuidar la planta? NOTAR DETALLES

3 ¿Por qué crees que a Rosa le gusta la tarea de Rita? INFERIR

4 ¿De qué manera la tarea de Rosa hace que el salón de clases sea un lugar mejor? SACAR CONCLUSIONES

5 **ESCRIBE** Escribe acerca de una tarea que te guste hacer. Cuenta por qué es importante esa tarea. RESPUESTA PERSONAL

Conoce al ilustrador
Michael Garland

Michael Garland pasó su infancia en Nueva York, explorando bosques, haciendo deporte y dibujando. Sus dibujos eran muy buenos. Cuando hacía uno en la escuela, sus maestros solían mostrarlo al resto de la clase y exponerlo en el tablero de anuncios. Michael escribió e ilustró muchos libros para niños.

En Internet www.harcourtschool.com/reading

Una semilla
que crece

No ficción

Una semilla que crece

Para crecer, las plantas necesitan agua, luz, aire y tierra.

planta joven

plántula

semilla

capullo

flor

La planta crece.

Y ahora, con el viento,
la flor se mece.

Enlaces

Comparar textos

1. ¿En qué se parecen la planta de "La tarea de Rosa" y la de "Una semilla que crece"?

2. ¿En qué se parecen tu salón de clases y el de Rosa? ¿En qué se diferencian?

3. Comenta acerca de alguna tarea que te hayan asignado en la escuela.

Escritura

Haz tres dibujos para mostrar cómo se siente Rosa al principio, en el medio y al final del cuento. Escribe una palabra o una oración debajo de cada dibujo.

Rosa está aburrida.

Forma y lee nuevas palabras.

Comienza con **perro**.

Cambia **pe** por **ca** .

Cambia **ca** por **ta** .

Comienza con **rama**.

Cambia **ma** por **na** .

Cambia **na** por **ta** .

Práctica de la fluidez

Trabaja en un grupo pequeño. Lee el cuento en voz alta, prestando atención a los signos de interrogación y exclamación. Usa tu voz para expresar cómo se sienten los personajes.

Contenido

Lección 9

1 Cuento decodificable

El nogal

por Sandra Widener
ilustrado por
Doug Bowles

2 Género: No ficción

Las plantas no corren

por Ned Crowley

Las hojas del maizal

por Lessie Jones Little
ilustrado por Don Tate

3 Género: Poesía

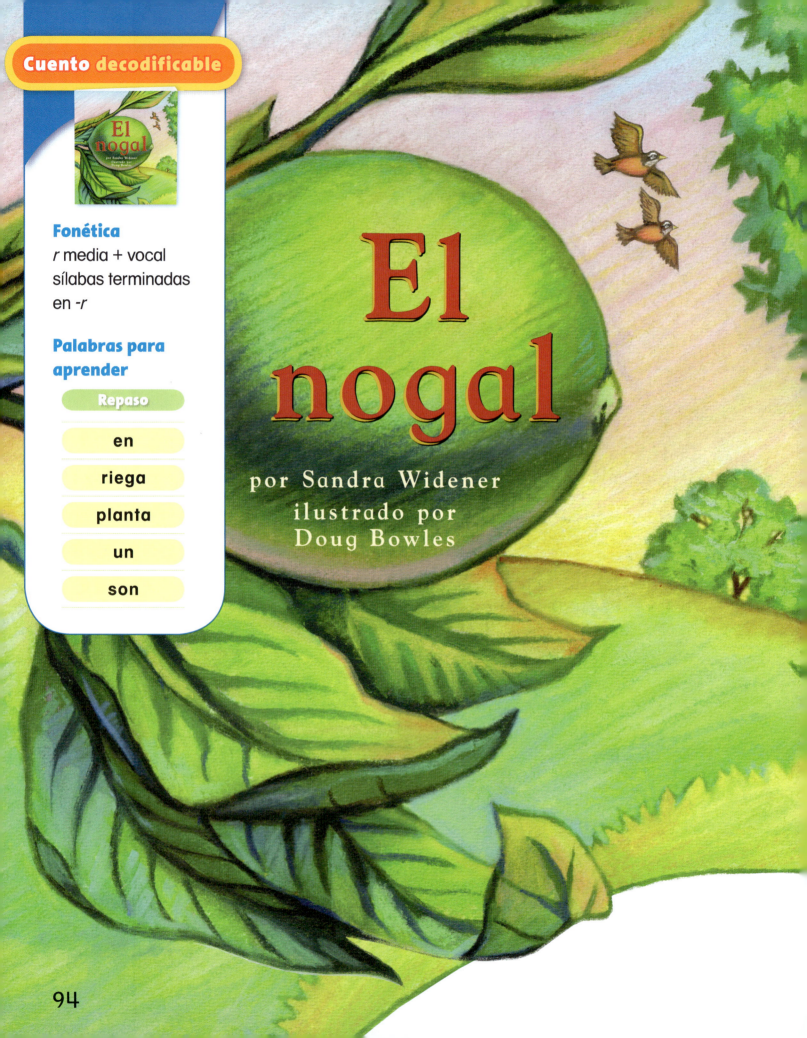

El nogal

por Sandra Widener

ilustrado por
Doug Bowles

Una **nuez** cae <mark>en</mark> el barro.

El sol le da calor.
Una nube la ==riega==.

Una **planta** sale del barro.
¿Será **un** nogal?

¡Sí, mira! ¡Es un nogal!

Mira en esa rama. ¡Es una
nuez! ¿O **son** dos?

La nuez madura.

Una nuez cae en el barro.
De la nuez sale un nogal.

Destreza de enfoque

Detalles

Los detalles agregan información sobre algo. A veces indican cómo es un objeto, cómo suena o para qué sirve.

Observa la foto. El artista está dibujando detalles de la flor.

Haz comentarios sobre esta foto. ¿Qué detalles observas?

Inténtalo

Mira atentamente esta foto.
Piensa en los detalles que observas.
¿Para qué crees que se usa esta máquina?

En Internet www.harcourtschool.com/reading

Palabras para aprender

Palabras de uso frecuente

baja

hacen

suben

estos

Una parte de la planta sube.

Una parte de la planta **baja**.

¿Qué **hacen** esos animalitos?
¿**Suben** a la planta?

¡Sí! ¡**Estos** animalitos comen plantas!

www.harcourtschool.com/reading

No ficción

Estudio del género

Un texto de **no ficción** habla de cosas reales y, a menudo, está ilustrado con fotografías.

S Lo que sé	QS Lo que quiero saber	A Lo que aprendí

Estrategia de comprensión

Verificar la comprensión: Ritmo de lectura Lee de corrido, tratando de seguir el ritmo de este poema. Ve más despacio cuando leas información importante.

Las plantas no corren

por Ned Crowley

Las plantas no corren
y tampoco caminan.

Pero si las riegas
suben, suben, suben.

El tallo sube y sube.
La raíz **baja** y baja.

Mira qué raras estas plantas.
¡Son fabulosas!

Esta planta tiene
lunares, motas, vetas.

Hay plantas delgadas,
plantas regordetas.

Mira estas hojas.
No sólo son bonitas.

Además de ser bonitas, **hacen** la comida.

Para crecer,
la planta debe beber.

¿Y cómo bebe?
¡Mira! ¿Lo ves?

Mira estas plantas...
en la arena, en el lodo.

Hay plantas con flor…
¡Mira ese pimpollo!

A **estos** animalitos
les gusta comer plantas.

¡Y a esta planta le gusta
comer animalitos!

Hay plantas de colores...
más claros, más oscuros.

La fruta de esta planta se come.

Una planta es un ser
como tú o como yo.

Si le das amor...
¡crece mucho mejor!

125

Pensamiento crítico

1 ¿Qué hacen las hojas de las plantas?

SACAR CONCLUSIONES

2 ¿Cómo crece el tallo de una planta? ¿Y las raíces? NOTAR DETALLES

3 Además del riego, ¿qué otra forma tiene la planta de obtener agua?

SACAR CONCLUSIONES

4 ¿Por qué crees que algunas plantas comen animalitos? INFERIR

5 **ESCRIBE** ¿Qué te gusta más? ¿Una planta con flores o una planta que puedas comer? Explica tu respuesta.

RESPUESTA PERSONAL

Conoce al autor
Ned Crowley

Ned Crowley es escritor e ilustrador. Últimamente, se ha dedicado a escribir libros sobre plantas y animalitos. El Sr. Crowley dice que le divierte escribir este tipo de libros. Cada vez que mira una planta o un animalito trata de imaginarse la personalidad que tienen, como si se tratara de personas.

El Sr. Crowley tiene tres hijas. Dice que a las tres les gustan más las plantas que los animalitos que vimos en este poema.

 www.harcourtschool.com/reading

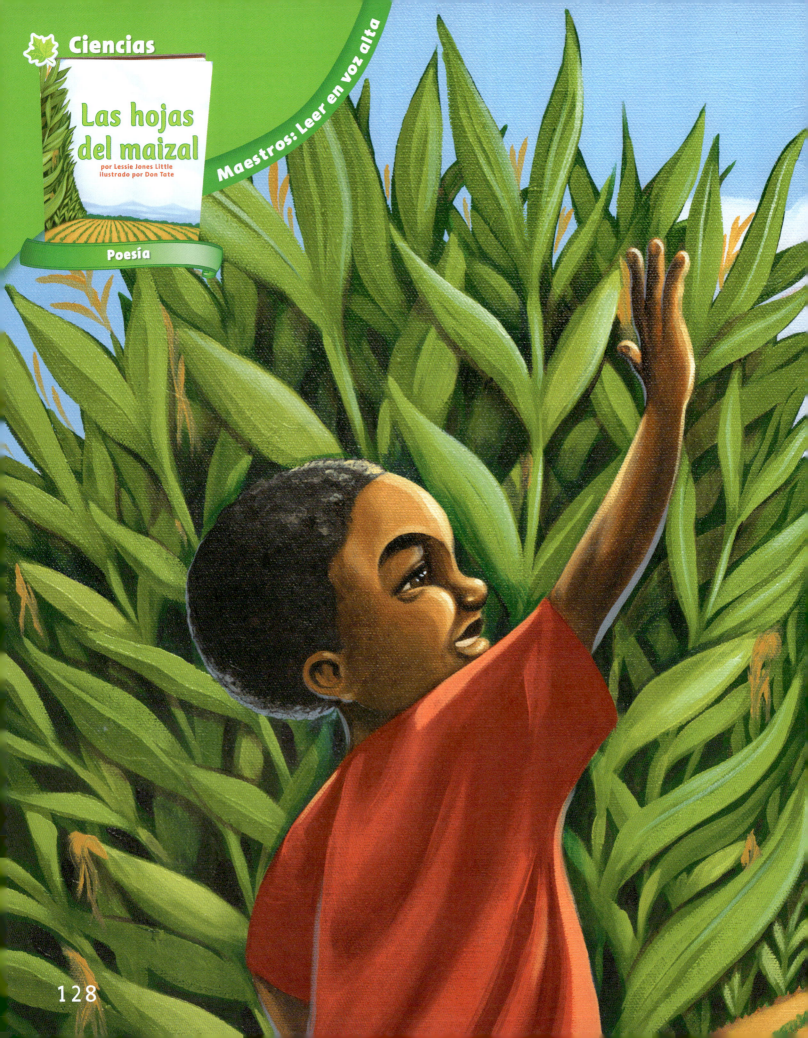

Ciencias

Las hojas
del maizal
por Lessie Jones Little
ilustrado por Don Tate

Poesía

Maestros: Leer en voz alta

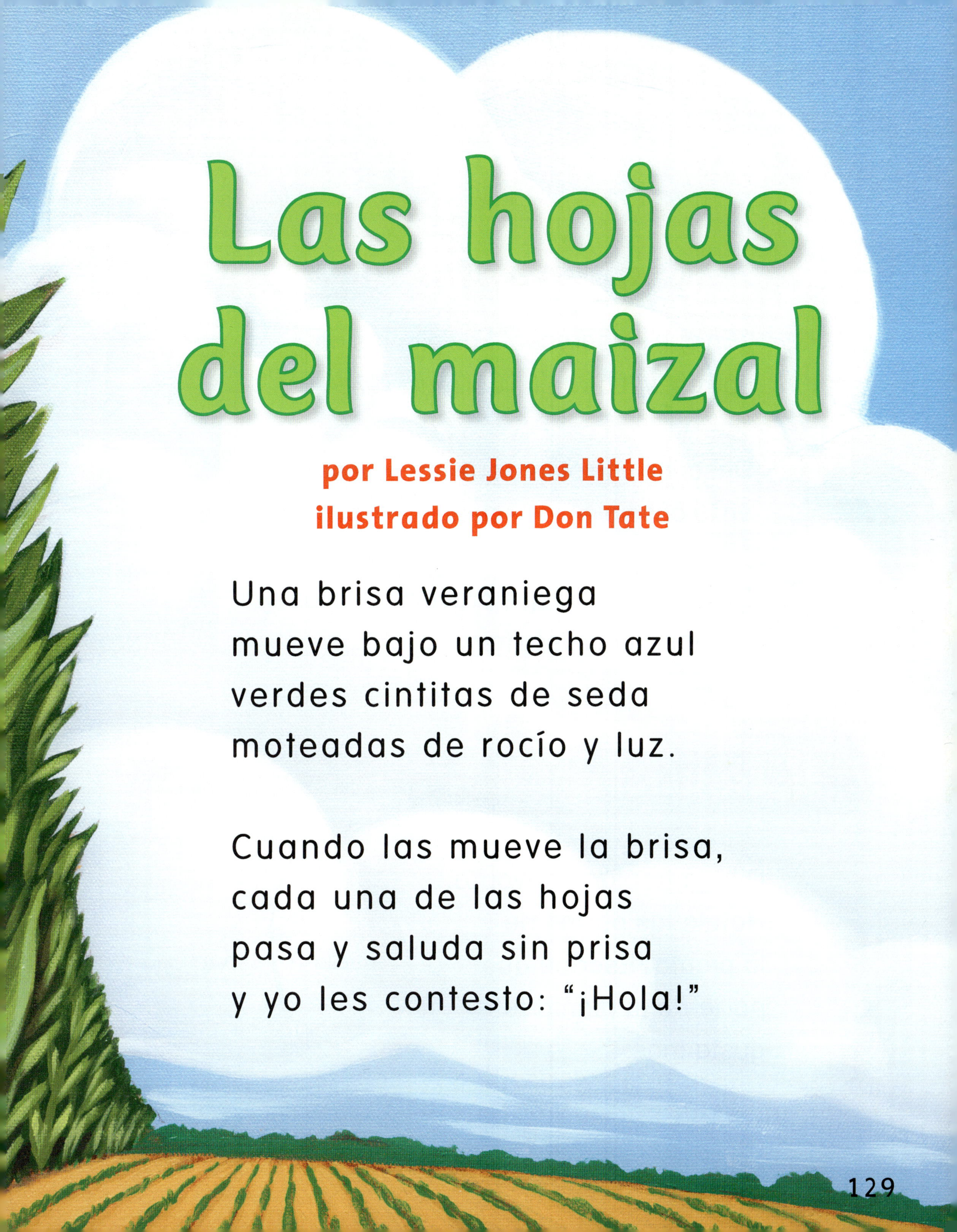

Las hojas del maizal

por Lessie Jones Little
ilustrado por Don Tate

Una brisa veraniega
mueve bajo un techo azul
verdes cintitas de seda
moteadas de rocío y luz.

Cuando las mueve la brisa,
cada una de las hojas
pasa y saluda sin prisa
y yo les contesto: "¡Hola!"

Enlaces

Comparar textos

1. ¿En qué se parecen "Las plantas no corren" y "Las hojas del maizal"?

2. Describe una planta que hayas visto en tu casa o en la escuela.

3. De los alimentos que provienen de las plantas, ¿cuál es tu favorito?

Escritura

Dibuja tu planta favorita. Rotula las partes de la planta. Escribe qué parte de la planta te gusta más.

flor

tallo

hojas

raíz

La parte que más me gusta es la flor.

Fonética

Forma y lee nuevas palabras.

Empieza con **favor**.

Cambia **vor** por **ro** .

Cambia **fa** por **co** .

Cambia **ro** por **lor** .

Cambia **co** por **ca** .

Práctica de la fluidez

Lee "Las plantas no corren" a un compañero. Haz una pausa al final de cada verso. Luego, pide a tu compañero que te lea el texto. Comenta cuál es tu parte favorita.

Mira estas plantas... en la arena, en el lodo.

Hay plantas con flor... ¡Mira ese pimpollo!

Contenido

Lección 10

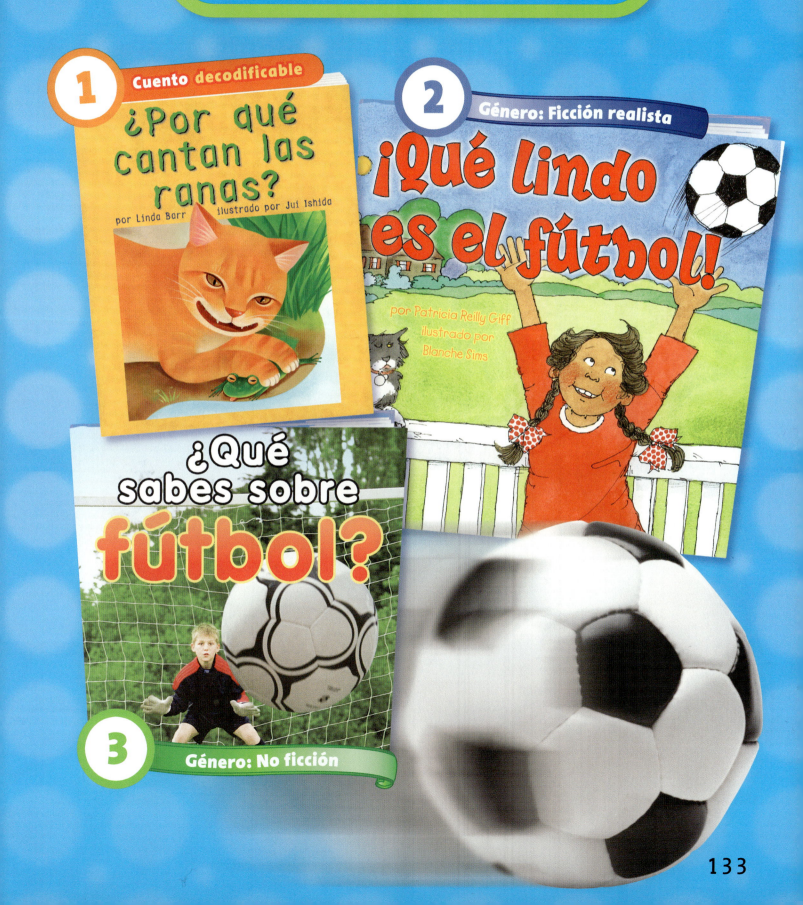

1 Cuento decodificable

¿Por qué cantan las ranas?

por Linda Barr ilustrado por Jui Ishida

2 Género: Ficción realista

¡Qué lindo es el fútbol!

por Patricia Reilly Giff
ilustrado por
Blanche Sims

¿Qué sabes sobre fútbol?

3 Género: No ficción

133

¿Por qué cantan las ranas?

por Linda Barr
ilustrado por Jui Ishida

Tom y Rana están en el campo.
Tom agarra a Rana… ¡con las patas!

Rana tiene miedo.
Rana da un alarido:
—¡Socorro!

Tom le <mark>dice</mark> a Rana:
—Canta y te soltaré.
—Pero... <mark>Soy</mark> una rana. ¡Y
las ranas no cantan!

—¿Te gusta la música? —pregunta Tom.

—Sí —dice Rana.

—Si es así, canta. ¡Canta con ganas!

Rana se pone a cantar:
—Cucú.
Rana canta, canta y canta:
—Cucú, cucú, cucú.

—¡Para con ese canto! —pide Tom.
Tom libera a Rana. Pero... ¡Rana no
para de cantar!

Desde ese día... todas las ranas cantan.
Cucú, cucú, cucú.

Destreza de enfoque

Trama

Los eventos de un cuento forman su **trama.** La **trama** es lo que ocurre en el cuento.

Observa las fotos.

Estas fotos cuentan una historia. La trama es acerca de unos niños que encuentran a un perro que se había perdido.

Éstas son las ilustraciones de un cuento.
¿Cuál es la trama?

Inténtalo

Observa la foto. Elige la frase que podría formar parte de la trama de un cuento acerca de estas personas.

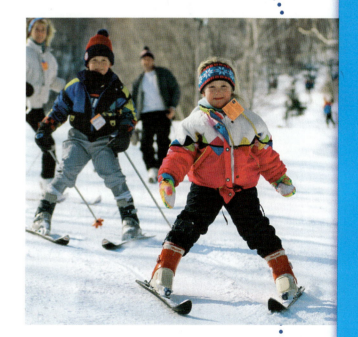

- deporte en las montañas

- las mascotas

- un día de campo

Palabras para aprender

jugar

señorita

pies

cabeza

brazos

fuertes

—¡Vamos a **jugar**! —dice la **señorita** Linda.

—Usen los **pies** y la **cabeza**. ¡Pero no los **brazos**!

¡Qué manos **fuertes** tiene la portera!

www.harcourtschool.com/reading

Premiado

¡Qué lindo es el fútbol!

Ficción realista

Estudio del género

Un cuento de **ficción realista** tiene un principio, un medio y un final. A los personajes les pasan cosas que podrían ocurrir en la vida real.

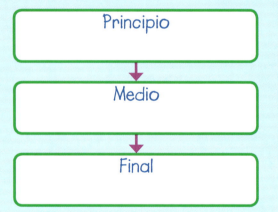

Principio

↓

Medio

↓

Final

Estrategia de comprensión

Reconocer la estructura del cuento A medida que leas, piensa en lo que ocurre en cada parte del cuento.

Miau

¡Qué lindo es el fútbol!

por Patricia Reilly Giff

ilustrado por Blanche Sims

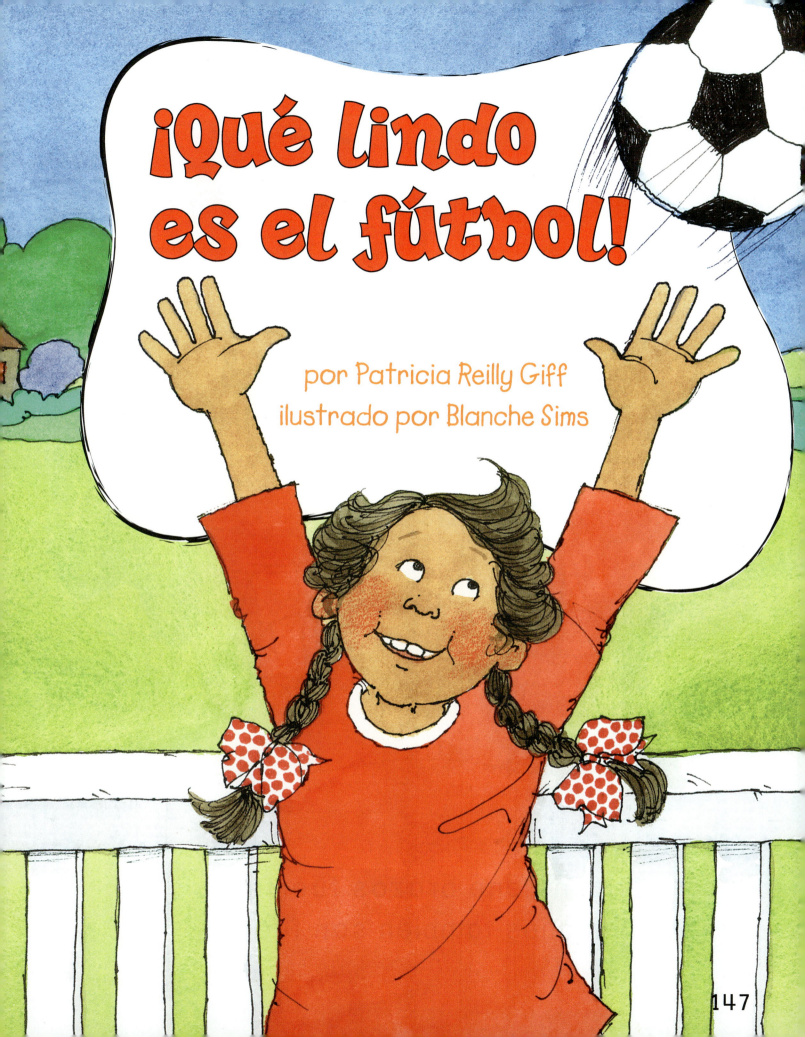

Carmen tiene <mark>brazos</mark> <mark>fuertes</mark>.
Sus manos también son fuertes.

Carmen baja a Pompón.

—¡Qué bien! —dice Ramón—. ¡Ven!

—¡Miau! —dice Pompón.

Una tarde, Amanda batea en el campo.
Le pega a la pelota con el bate.

—¡Carmen la agarró! —dicen todos.
—¡Miau! —dice Pompón.

—Vengan a **jugar** al
fútbol —dice la **señorita** Linda—.
Usen los **pies** y la **cabeza**. Y...
¿saben qué es lo más
importante?

—¡No usar las manos!
¡Nunca! —contesta Pipo.

Miau

Pero con los pies... las cosas
no andan muy bien.

Miau

Miau

¡Y con la cabeza tampoco!

Carmen no está contenta.
Está un poco enfadada.

Sus amigos le dan ánimo.

—Carmen bajó a Pompón —dice
Pipo—. Tiene brazos fuertes.

—Y también cogió mi pelota —dice
Amanda.

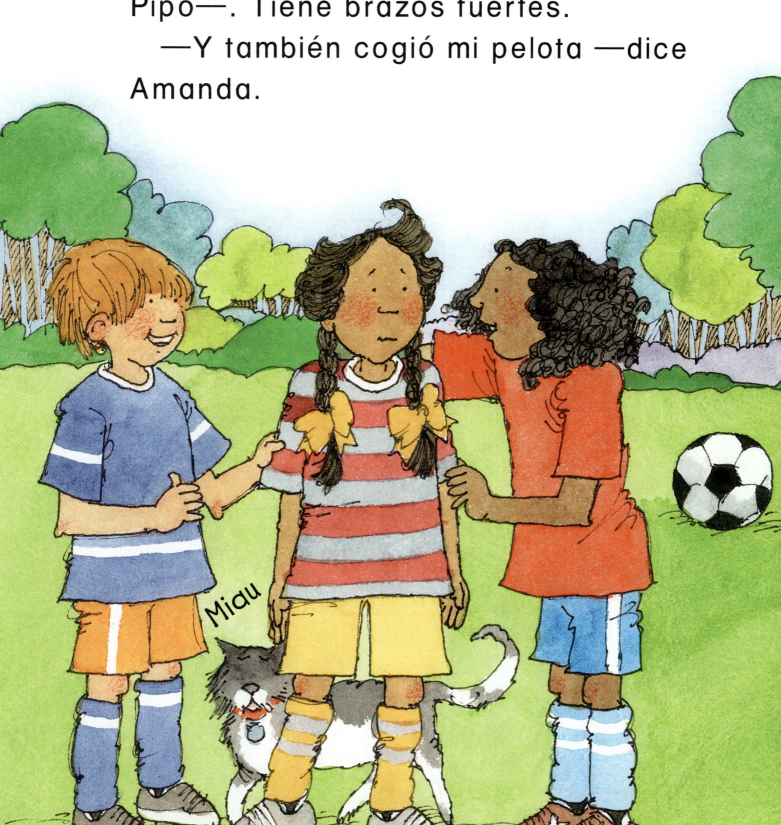

Miau

—Los porteros pueden usar las manos —dice la señorita Linda.
Por fin Carmen se anima.
¡Será portera!

Miau

Más tarde, Carmen ataja todas las
pelotas. ¡Es la mejor!

Todos están contentos.

—¡Bien por Carmen! —dicen Amanda y Pipo.

—¡Qué lindo es el fútbol! —responde Carmen.

Y Pompón dice: ¡Miau!

Miau

Pensamiento crítico

1 ¿Por qué Carmen tiene dificultades para jugar al fútbol?  TRAMA

2 ¿Qué cosas puede hacer bien Carmen? NOTAR DETALLES

3 ¿Por qué Carmen es buena portera? SACAR CONCLUSIONES

4 ¿Crees que Carmen seguirá jugando al fútbol? Explica por qué. INFERIR

5 **ESCRIBE** Escribe sobre algo que sepas hacer bien. RESPUESTA PERSONAL

Conoce a la autora
Patricia Reilly Giff

Patricia Reilly Giff ha escrito muchos libros. En sus cuentos, los niños hacen las mismas cosas que haces tú.

"Me gustó escribir este cuento porque a mis nietos les encanta jugar al fútbol. El nombre de mi nieta menor es Carmen. Por eso le puse ese nombre a la protagonista de este cuento".

162

Conoce a la ilustradora
Blanche Sims

Blanche Sims ha ilustrado muchos libros para niños. Dice que lo que más le gusta de su profesión es dibujar. ¡Le encanta desde que era pequeña! Una vez, su maestra colgó una enorme hoja de papel en la pared de su salón de clases para que ella pudiera llenarla con sus dibujos.

Miau

¿Qué sabes sobre **fútbol?**

No ficción

Maestros: Leer en voz alta

¿Qué sabes sobre fútbol?

El fútbol es un deporte que se practica en todo el mundo. Los futbolistas usan ropa especial para jugar.

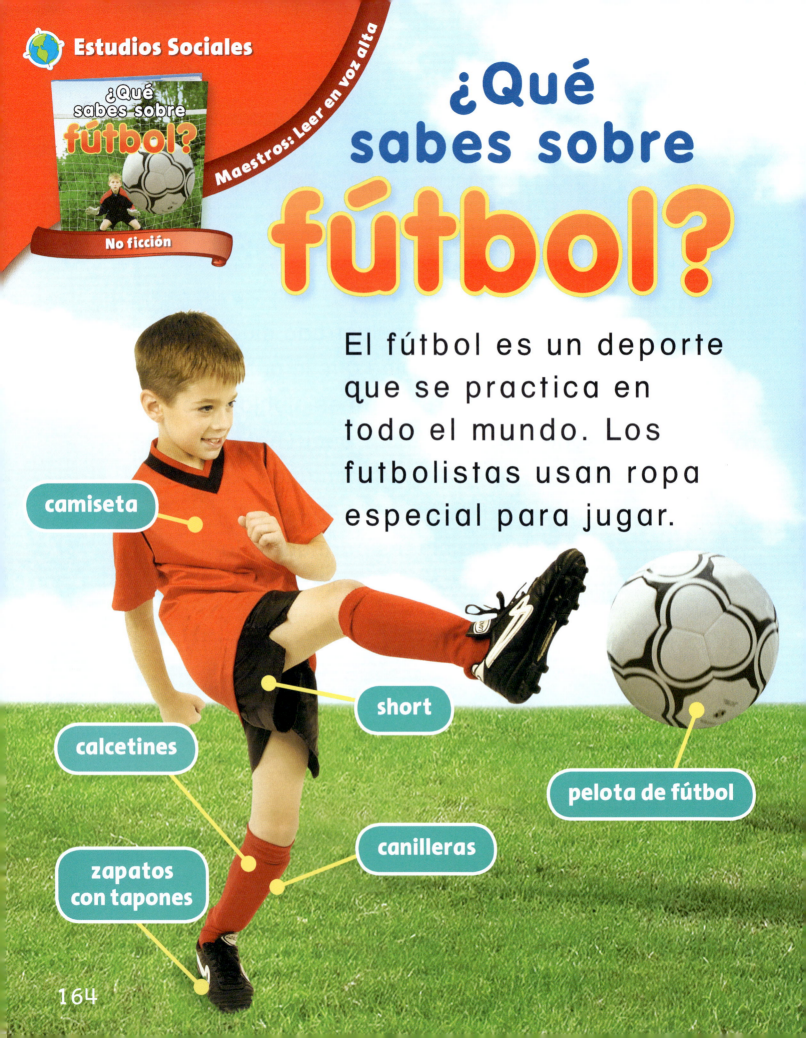

camiseta

short

calcetines

pelota de fútbol

canilleras

zapatos con tapones

Los equipos tienen que practicar. ¡Es divertido!

Un equipo mete la pelota en la portería del otro equipo. ¡Gol!

Los jugadores de los dos equipos se saludan. Así muestran su espíritu deportivo. ¡Buen partido!

Enlaces

Comparar textos

1 ¿Qué aprendiste sobre fútbol leyendo el cuento? ¿Qué aprendiste leyendo el artículo?

2 ¿Qué juegos o deportes has practicado en la escuela o en tu casa?

3 ¿Cuál es tu juego o deporte favorito? ¿Por qué?

Escritura

Haz un dibujo que muestre cómo aprendiste a jugar un juego o a practicar un deporte. Escribe una oración contando qué ocurrió ese día. Escribe también algunas de las palabras que dijiste.

Sé jugar al béisbol desde pequeño. Me enseñó mi hermano.

¡Corre!

¡Le di!

Fonética

Forma y lee nuevas palabras.

Comienza con **tan**.

Agrega **ta** al final de la palabra.

Cambia **tan** por **man**.

Cambia **man** por **can**.

Cambia **can** por **men**.

Práctica de la fluidez

Túrnate con un compañero para leer una página del cuento cada uno. Lee de manera que suene como si los personajes hablaran. Recuerda hacer una breve pausa cuando haya un punto o una coma.

Contenido

Lección 11

1 Cuento decodificable

El oso Toño

por Deanne W. Kells   ilustrado por Pierre Pratt

2 Género: No ficción

Una tierra helada
por Norbert Wu

Las patas de papá
por Judy Sierra

3 Género: Poesía

169

El oso Toño

por Deanne W. Kells

ilustrado por Pierre Pratt

Toño es un oso polar.
Le gusta mucho el deporte.

Sus goles son famosos
en todo el Polo Norte.

Nada de muchas maneras:
mariposa, espalda y pecho.

Desde todas las montañas,
salta al revés y al derecho.

¡Mira eso!

Por la noche está agotado.
Se echa a dormir y roncar.

¡**Hasta** mañana, oso Toño!
Es momento de soñar...

Destreza fonética

Sílabas *ch* + vocal y *ñ* + vocal

Observa las fotos. Busca las sílabas *cha, che, chi, cho, chu* en la palabra que aparece debajo de cada foto. ¿La sílaba con la letra *ch* aparece al principio, en el medio o al final de la palabra?

cuchara   **chocolate**   **leche**

Observa las fotos. Busca las sílabas *ña, ñe, ñi, ño, ñu* en la palabra que aparece debajo de cada foto. ¿La sílaba con la letra *ñ* aparece al principio, en el medio o al final de la palabra?

muñeca   **araña**   **leña**

Observa cada una de las fotos. Lee las palabras. Di cuál es la palabra que describe la foto.

serrucho

techo

cachorro

niño

señora

telaraña

 www.harcourtschool.com/reading

Inténtalo

Lee estas oraciones.

Tengo ocho años. Como chuletas. ¡Me gustan mucho! Me baño por las mañanas y leo por las noches.

Palabras para aprender

frío

aquí

pequeño

debajo

agua

nunca

¡Qué **frío**! **Aquí** viven animales de tamaño grande y **pequeño**. Muchos viven **debajo** del **agua**. **Nunca** salen de allí.

En Internet www.harcourtschool.com/reading

Una tierra helada

por Norbert Wu

No ficción

Estudio del género

Un texto de **no ficción** brinda datos sobre cosas reales. Generalmente está acompañado por fotografías.

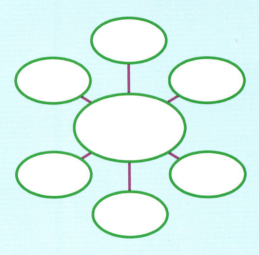

Estrategia de comprensión

Verificar la comprensión: Inferir Piensa en el significado de las palabras y en lo que ya sabes para comprender de qué se trata el texto.

Una tierra helada

por Norbert Wu

Mira esta tierra helada...

¿Hay vida en este lugar?

¡Sí! Una foca con su cachorro.
¡Qué bonito!

No tiene <mark>frío</mark>. El pelaje
le da calor todo el año.

¡Mira! Un pingüino <mark>pequeño</mark>.

La mamá pone el huevo.
El papá ayuda a calentarlo.

¿Y qué hay <mark>debajo</mark> del hielo?

Mira toda esa luz... ¡Aquí
también hay sol!

No es de noche, pero hay estrellas... ¡Son estrellas de mar!

Hay animales que
parecen plantas.

Los pulpos tienen
ocho brazos. Son
sus tentáculos.

La medusa también tiene tentáculos. Los usa para alimentarse.

Este pececito pone huevos
en el hielo. <mark>Nunca</mark> tiene frío.

La orca va con su pequeño. Le enseña a nadar en el **agua** helada.

Y aquí hay más pingüinos.
Les gusta nadar acompañados.

Usan las aletas para ir
más rápido.
Ese pingüino se va.
¿Adónde?

¡Va con los demás!

¡En esta tierra helada
hay MUCHÍSIMA vida!

Pensamiento crítico

1 ¿En qué se diferencia lo que hay sobre la tierra de lo que hay en el agua? ¿En qué se parece? COMPARAR Y CONTRASTAR

2 ¿Qué animales viven en la tierra helada? NOTAR DETALLES

3 ¿Por qué crees que a los pingüinos les gusta vivir en este lugar? SACAR CONCLUSIONES

4 ¿Crees que en este lugar podrían vivir personas? ¿Por qué? INFERIR

5 **ESCRIBE** Escribe acerca del animal de "Una tierra helada" que te haya resultado más interesante. RESPUESTA PERSONAL

Conoce al autor y fotógrafo

Norbert Wu

A Norbert Wu le encanta tomar fotografías en lugares poco comunes, ¡como debajo del hielo de la Antártida! Allí ha visto muchísimos animales, incluyendo pingüinos. Él afirma que aunque sobre la tierra firme los pingüinos caminan en forma extraña, en el agua nadan muy ágilmente. Nadan rapidísimo, como pequeños planeadores.

"Escribí este texto porque quiero que todos sepan que nuestro mundo es un lugar hermoso y frágil".

En Internet www.harcourtschool.com/reading

Las patas de papá

por Judy Sierra

Poesía

Las patas de papá

por Judy Sierra

Cuando el hielo está muy frío
y me quiero calentar,
trepo y trepo rapidito
a las patas de papá.

Sus patas son mi trineo
cuando vamos a pasear,
pero a veces me mareo
si se empieza a bambolear.

Y doblamos para acá,
y doblamos para allá.
¡Ojalá nunca me caiga
de las patas de papá!

Enlaces

Comparar textos

1 ¿Crees que al pingüino del poema le gustaría vivir en la tierra que describe "Una tierra helada"? ¿Por qué?

2 ¿En qué se parecen el paisaje de "Una tierra helada" y el lugar en el que vives? ¿En qué se diferencian?

3 ¿Qué harías si fueras de visita al lugar que se describe en "Una tierra helada"?

Escritura

Escribe oraciones acerca de "Una tierra helada". Indica qué podrías ver, escuchar, oler, saborear y sentir si estuvieras allí.

En la tierra helada hace frío.

Forma y lee nuevas palabras.

Comienza con **noche**.

Cambia **no** por **le** .

Cambia **che** por **ño** .

Cambia **le** por **ni** .

Cambia **ño** por **ña** .

Lee tu parte favorita del cuento a un compañero. Recuerda hacer una breve pausa cuando haya un punto o una coma.

207

Contenido

1 Cuento decodificable

El deseo de Ceferino

por Sandra Widener
ilustrado por Will Terry

2 Género: Mito

El oro del rey Midas

por Patricia y Fredrick McKissack

ilustrado por Josée Masse

El oro y el dinero

3 Género: No ficción

209

El deseo de Ceferino

por Sandra Widener

ilustrado por Will Terry

Ceferino sueña con un pescado.
Desea un pescado <mark>muy grande</mark>.

¡Pin! El pescado aparece.
¡Qué maravilla!

El pescado es demasiado
grande. ¡Es enorme!

¿Cómo lo cocinará Ceferino?
¡No cabe en la olla!

La casa se llena de un olor
muy feo...

Ahora, Ceferino desea un pececito diminuto.

¡Y decide tirar el
pescadote a la basura!

Maestros: Leer en voz alta

Escenario

El **escenario** es el lugar y el momento en los que transcurre un cuento.

Observa la foto.

El escenario es una ciudad de noche.

Haz comentarios sobre esta foto. ¿Cuál es el escenario? ¿Cómo lo sabes?

Inténtalo

Observa la foto. Elige la frase que describe el escenario.

- un día en el zoológico

- una noche en la playa

- un día en el parque

 En Internet www.harcourtschool.com/reading

Palabras para aprender

Palabras de uso frecuente

- rojo
- hacia
- ya
- basta
- entonces
- hace
- puede

El rey Midas toca una manzana de color **rojo**. ¡Ahora es de oro! Su perro corre **hacia** él. **Ya** es de oro también. "**Basta**", piensa el rey. **Entonces** todo es como antes. Eso **hace** muy feliz al rey Midas. Ahora **puede** vivir contento.

 www.harcourtschool.com/reading

221

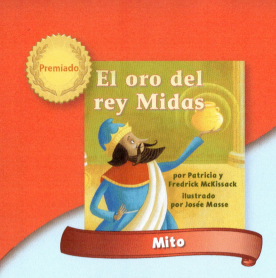

El oro del rey Midas

por Patricia y
Fredrick McKissack

ilustrado
por Josée Masse

Mito

Estudio del género

Un **mito** es un cuento
muy antiguo que deja una
enseñanza. Los personajes
y los acontecimientos que
narra son inventados.

Personajes	Escenario
Principio	
Medio	
Final	

Estrategia de comprensión

Hacer preguntas Cuando
leas, hazte preguntas y
busca las respuestas.
¿Cómo consigue oro el rey
Midas? ¿Los personajes
y los acontecimientos
del cuento son reales o
inventados?

El oro del rey Midas

por Patricia y
Fredrick McKissack

ilustrado por Josée Masse

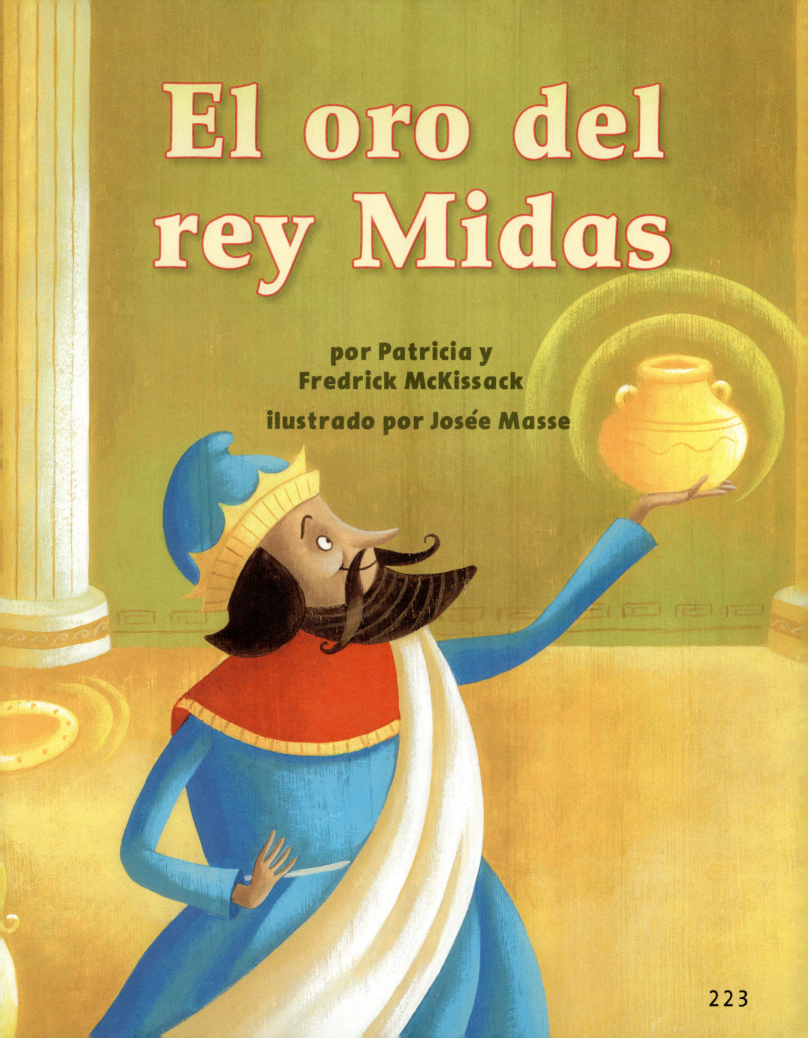

El rey Midas no es feliz.
—¡Deseo tener oro! —dice un día—.
Sólo el oro ==hace== feliz a un rey.

De pronto... ¡pin! Se cumple su deseo.
¡Qué maravilla!

Toca una manzana y... ¡pin! La
manzana se convierte en oro.

Toca su copa y ¡pin! Toca su vaso y ¡pin!
Todo lo que toca se convierte en oro.
¡Y cómo reluce!

El rey Midas está feliz.
¡El oro todo lo hace más bello!

El rey Midas toma una flor de color rojo.
¡Pin! La convierte en oro. Ahora es amarilla.
Pero ya no tiene olor.

Su perro Cirilo corre <mark>hacia</mark> él.

Pero… ¡pin! Llega y se convierte en oro.

El rey Midas no es feliz. Ya
no **puede** comer.
¡Sólo tiene racimos de oro!

El rey Midas no puede dormir.
¡Todo destella!
¡Pin! La cama se convierte en oro.
¡Pin! Las sábanas también.

¡Pin! Su gato César se convierte en oro.
¡Pin! La reina Celina también.

—¡Oh, no! ¡Mi bella princesa!

¡Pin! La princesa Rocío se convierte en oro.
El rey llora. ¡Qué pesadilla!

Ahora, el rey Midas sólo tiene oro.
Pero padece mucho. Entonces dice:
—¡No deseo tener oro!

Y... ¡pin! Todo el oro desaparece.
Y regresa la princesa, y también
la reina, y el gato, y el perro, y la
flor y la manzana.

El rey ya no llora. Ahora puede
comer y descansar.

—¡**Basta** de oro! —dice el rey.
Y su deseo lo hace feliz. ¡Por fin!

Pensamiento crítico

1. ¿Cuál es el escenario del cuento? ¿Cómo lo sabes?  ESCENARIO

2. ¿Qué le pasa a la manzana cuando el rey la toca? NOTAR DETALLES

3. ¿Por qué al rey no le gusta que su perro se convierta en oro? INFERIR

4. ¿Por qué el rey Midas está feliz cuando lo que toca ya no se convierte en oro?

   SACAR CONCLUSIONES

5. **ESCRIBE** Escribe acerca de algo que desees y explica por qué lo deseas.

   RESPUESTA PERSONAL

Conoce a los autores

Patricia y Fredrick McKissack

Patricia y Fredrick McKissack se conocieron cuando eran adolescentes. Antes de comenzar a escribir juntos, Fredrick tenía una compañía de construcción. Patricia era maestra. Les gusta mucho escribir libros sobre personas que logran resolver problemas.

Conoce a la ilustradora
Josée Masse

Josée Masse comenzó a dibujar cuando era niña. Su papá era pintor y ella dibujaba con él en su estudio.

Josée tiene muchas mascotas: un perro, un gato, muchos peces y otros animales que trae su hija.

www.harcourtschool.com/reading

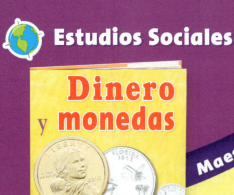

Dinero y monedas

No ficción

Dinero y monedas

En Estados Unidos circula una moneda dorada que vale un dólar.

cara

cruz

En esta moneda aparece la imagen de Sacagawea. Hace mucho tiempo, Sacagawea ayudó a un grupo de exploradores en su expedición por América del Norte.

Cada estado tiene su propia moneda de veinticinco centavos. Las imágenes grabadas en esas monedas muestran aspectos importantes del estado al que pertenecen.

Moneda de 25 centavos de Florida

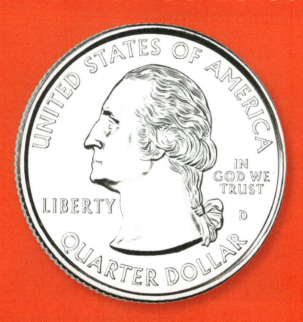

cara

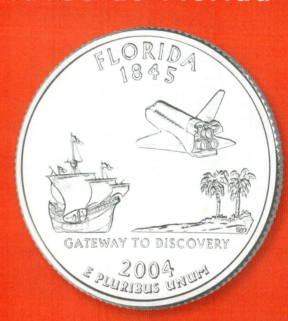

cruz

Enlaces

Comparar textos

1 ¿Crees que al rey Midas le gustaría tener las monedas que se describen en "Dinero y monedas"? ¿Por qué?

2 ¿Qué cosas crees que hacen felices a las personas?

3 Menciona algún lugar en el que te sientas feliz. ¿Qué te hace feliz de ese lugar?

Escritura

Escribe "Feliz" de un lado de la tabla y escribe "Infeliz" del otro lado. Haz una lista con las cosas que crees que hacen feliz al rey Midas y otra con las que lo hacen infeliz.

Feliz	Infeliz
comer	comida de oro
descansar	perro de oro
amigos	cama de oro

Fonética

Forma y lee nuevas palabras.

Empieza con **cine**.

Cambia **ci** por **ce** .

Cambia **ne** por **na** .

Cambia **ce** por **lle** .

Cambia **na** por **vo** .

Práctica de la fluidez

Túrnate con un compañero para leer "El oro del rey Midas". Busquen los signos de exclamación. Usa distintos tonos de voz para expresar las emociones que se describen en el cuento.

¡Pin! Se cumple su deseo.

Glosario

¿Qué es un glosario?

Los glosarios pueden ayudarte a leer una palabra.

Busca la palabra y léela en una oración. Para que te

resulte más sencillo, cada palabra está acompañada

por una fotografía.

mapa   Lila mira el **mapa.**

agua   Ahora, no le molesta el **agua.**

aquí   **Aquí** hay un regalo para mí.

brazos   Ella estira los **brazos.**

cabeza   Mira el sombrero en mi **cabeza.**

come   Ella **come** palomitas.

corren   Los nenes **corren** todo el día.

crecer   ¡Qué lindo es **crecer**!

D

destella   El oro de la niña **destella.**

E

escuela   Ésta es mi **escuela.**

estrellas   A la noche, puedes ver las **estrellas.**

F

feliz   ¡Tomi está **feliz!**

frío   Él tiene mucho **frío.**

hambre   Ellos tienen **hambre.**

jugar   Nos gusta **jugar** con el agua.

manzanas   Mira las **manzanas** en la canasta.

P

pececito   El **pececito** nada en el agua.

pequeños   ¡Qué animales tan **pequeños**!

pies   Éstos son mis **pies.**

R

reloj   El **reloj** marca las ocho.

Acknowledgments

Grateful acknowledgment is made to Curtis Brown, Ltd. for permission to translate/reprint *King Midas and His Gold* by Patricia & Fredrick McKissack. Text copyright © 1986 by Patricia & Fredrick McKissack. Published by Children's Press.